VENTE

Les 31 Mars et 1er Avril

MONNAIES

GRECQUES — ROMAINES — FRANÇAISES

JETONS

Objets Divers

PARIS — 1911

MONNAIES

GRECQUES — ROMAINES — FRANÇAISES

JETONS

OBJETS DIVERS

Boucles et Fibules Mérovingiennes
Faïences Persanes, Verrerie
Reliures, Miniatures, Peinture, etc.

VENTE A L'HOTEL DROUOT

SALLE N° 7

Les Vendredi 31 Mars et Samedi 1er Avril 1911

A DEUX HEURES PRÉCISES

COMMISSAIRE-PRISEUR	EXPERTS
Me André DESVOUGES	**MM. ROLLIN & FEUARDENT**
26, Rue de la Grange-Batelière	4, Rue de Louvois — PARIS
PARIS	65, Great Russell-Street. — LONDRES

EXPOSITION PUBLIQUE : *1 h. avant la vente*

PARIS — 1911

CONDITIONS DE LA VENTE

La Vente sera faite **au comptant.**

Les Acquéreurs paieront **dix pour cent** en sus des enchères

L'Exposition mettant le public à même de se rendre compte de l'état et de la nature des objets, il ne sera admis aucune réclamation une fois l'**adjudication prononcée.**

Les Experts se réservent le droit de réunir ou de diviser les lots.

Ils se chargent, aux conditions habituelles (5 °/₀ sur le prix d'adjudication), des commissions qu'on voudra bien leur confier.

MAULDE, DOUMENC et Cie, imprimeurs de la Cie des Commissaires-Priseurs, rue de Rivoli, 144. 500—67818

MONNAIES ANTIQUES

MONNAIES GRECQUES

1 — Osca, Jessona, Verones, Marseille, 3 p.; Imitations pannoniennes, 2 p. T. B. Ens. 8 p. Ar.

2 — Naples, Nola, Tarente. Ens. 3 p. Ar. B.

3 — Métaponte, Vélie. Ens. 2 p. Ar. B.

4 — Bruttium, Croton. Ens. 2 p. Ar. B.

5 — Agrigente, Gelas, 2 p. Ens. 3 p. Ar.

6 — Syracuse. Ar. B.

7 — Thasos, Macédoine. Ens. 2 p. Ar. T. B.

8 — Amyntas III. Ar. B.

9 — Philippe II. 2 p. Ar. B.

10 — Thèbes, Athènes, Sicyon, 2 p.; Aymntas, Césarée (Julia Doinna), Rhodes, Tyr, F.D.C., Artaban, Ptolémée VIII, Juba II. Ens. 11 p. Ar.

11 — Lot de Monnaies grecques en bronze. 32 p. Æ.

RÉPUBLIQUE ROMAINE

12 — Aemilia, 4 p. Annia, Antia, Antonia, 3 p. Appuleia, Aquillia. Ens. 11 p. Ar.

13 — Caecilia, 3 p. B. Calidia, Claudia, T. B. Cornelia, 2 p. Crepusia. Ens. 8 p. Ar.

14 — Egnatuleia. Fabia, T. B. Flaminia, 2 p. Fonteia, 2 p. Ens. 6 p. Ar.

15 — Fundania, Furia, Julia, 2 p. Junia, Lucilia, Marcia, 3 p. Memmia, 2 p. Minucia, Naevia, 2 p. Papiria, Petilia. Ens. 16 p. Ar.

16 — Porcia, T. B. Postumia, Procilia, Renia, Rutilia, 2 p. T. B. Ens. 6 p. Ar.

17 — Saufeia, Sergia, Tituria, 2 p. Valeria, F. D. C. Veturia, Vibia, 3 p. dont une fourrée. Volteia, 2 p. Ens. 11 p. Ar.

EMPIRE ROMAIN

18 — César et Auguste (Lyon), M. B., Auguste et Agrippa (Nîmes), M. B., M.-Antoine et Octave, Ar. Fulvie (Lyon), Ar. Q. Auguste, 5 p. Ar. Ens. 9 p.

19 — Tibère, Ar. Drusus, M. B. 2 p. T. B. Ens. 3 p.

20 — Germanicus et Caligula, Ar. B.

21 — Néron (Cohen, n° 120). Or.

22 — Vespasien, 2 p. Ar. Titus, M. B. Domitien, 2 p. Ar. Nerva, 1 p. Ar. et 1 p. M. B. Ens. 8 p.

23 — Adrien (Cohen, n° 1410). Or. B.

24 — Trajan, 6 p. Adrien, 3 p. Antonin, 4 p. Faustine mère, 3 p. Ens. 16 p. Ar.

25 — Marc-Aurèle, 4 p. Ar. et 1 p. G. B. Commode, 2 p. Ar. Ens. 7 p.

26 — Albin. Septime Sévère, 4 p. Ens. 5 p. Ar.

27 — Septime Sévère, 2 p. G. B.

28 — Julie Domne, 2 p. Caracalla, 9 p. Géta, 3 p. Ens. 14 p. Ar.

29 — Macrin, 3 p. Diadumenien, Elagabale, 3 p. Alexandre Sévère, 6 p. Maximin I. Ens. 14 p. Ar.

30 — Maxime, G. B. Balbin, Ar. F. D. C. Ens. 2 p.

31 — Gordien III, 18 p. Philippe père, 9 p. Otacilie, Philippe fils, 7 p. Trajan Dèce, 12 p. Etruscille, Hostilien, 2 p. Trebonien Galle, 7 p. Volusien, 5 p. Emilien, Valerien père, 10 p. Mariniane, Gallien, 8 p. Salonine, 2 p. Salonin, 3 p. Valérien jeune. Ens. 88 p. bil.

32 — Valens (Cohen, n° 35), Valentinien III (Cohen, n° 19. Ens. 2 p. Or.

33 — Justinien, Athalaric. Ens. 2 p. Ar.

34 — Grand lot de Monnaies romaines en bronze. Environ 570 p.

GAULE

35 — Arvernes. Statère et 1/4 statère. Ens. 2 p. Or.

36 — Aulerci Cenomani (H. de La Tour, n° 6870). Or. B.

37 — Idem. (H. de La Tour, n° 6889). Or. T. B.

38 — Volcae arecomici, Tectosages, 10 p. Trouvaille de Jersey, 2 p. Triens mérovingien de Strasbourg. Ens. 14 p. Ar.

MONNAIES ROYALES CAROLINGIENNES

39 — Louis l'Aveugle. LVDOVICVS MPR, au centre un monogramme. Rev. VIENNA CIVIS, au centre une croix (G. 63.2). Denier de Vienne. Ar. 2 p. B.

40 — Louis l'Aveugle. LVDOVICUS, au centre une croix. Rev. légende effacée; au centre VI (G. 63.3). Denier de Vienne. Ar.

41 — Conrad le Pacifique. CONRADVS. Au centre une croix. Rev. LVCDVNVS ; au centre un chatel (G. 67.3). Denier de Lyon. Ar. 4 p. T. B.

42 — Rodolphe III. DODVLIVS. Au centre une croix. Rev. LVGVDVNVS autour d'un chatel (G. 67.2). Denier de Lyon. Ar. Rare. B.

43 — Rodolphe III. Obole au même type (G.67.3). Ar. Rare. B.

44 — Henri III de Bourgogne. HENRICVS. Au centre une croix. Rev. LVCVDVNVS. Au centre S. Denier de Lyon. Ar. Rare. B.

45 — Othon, DGR... REX. Au centre croix cantonnée des lettres ODDO. Rev. MILAHLHPI. Au centre un temple. Denier de Milan? Ar. B.

MONNAIES CAPÉTIENNES

46 — Charles V, dauphin de Viennois. Petit dauphin (P. D. 109.9). Rare. Ar. B.

47 — Charles VI. Denier dentillé et patard (H. 47.48). Ar. 2 p.

48 — François I. Trois testons aux F couronnés et un demi-teston semblable (H. 42.43). Ar. 4 p.

49 — Henri II. Teston au buste couronné et cuirassé. 1551, Tours. Testons à la tête nue et buste cuirassé, de 1553, Rouen, Toulouse. 1554, Toulouse. 1556, Lyon. 1559, La Rochelle. 1560, Lyon. Ar. 8 p. B.

50 — Charles IX. Teston. Rev. écu accosté de deux C couronnés (H. 10). Toulouse. Demi-teston semblable (H. 13). Dijon. Teston. Rev. écu de France-Dauphiné accosté de deux C couronnés (H. 17), Grenoble, T. B. Teston et demi-teston (H. 18, 19) Lyon. Ar., 5 p., B.

51 — Henri III. Demi-franc (H. 26) et gros de Nesle (36). Ar., 2 p.

52 — Henri IV. Quart d'écu de France (H. 28). De France-Navarre-Béarn (32), Ar., 2 p. B.

53 — Louis XIII. Quart d'écu (30).

Louis XIV. Écu aux trois couronnes (187).

Louis XV. Demi-écu aux lauriers (51). Sixième d'écu de France (43). XX sols (38). Ar., 5 p., B.

54 — Henri V. Demi-franc, par Speri. Paris, 1858. Tranche lisse. F. D. C.

55 — 30 Sols (1791). Buste du roi. Rev. LA NATION, LA LOI, LE ROI. La France assise (H. 330). Pièce coulée en métal de cloche. B.

56 — Pièce d'essai au Génie 1792 (H. 423), 1793 (H. 614).

Monneron de deux sols. 1792. La Liberté assise, avec AN IV DE LA LIBERTÉ.

Deux Sols, de Clémanson, de Lyon.

Sol du siège de Mantoue.

Louis XVIII. 10 c. des colonies (1824).

1848. 20 francs, piéfort, par ALLARD.

— 10 centimes, par GAYRARD (1er type). 10 p. cuivre. T. B.

57 — Louis-Philippe. Essais de la pièce de 100 et de 5 francs, par DOMARD. (En écrin). Étain. F. D. C.

MONNAIES FÉODALES

58 — Navarre. Henri II (IV de France). Quart d'écu (P. D. 75.12). Ar. B.

59 — Toulouse. Bertrand. Rev. croix entre deux annelets (P. D. 80.15). Denier. Ar. F. D. C.

60 — Viviers. Deniers anonymes à la tête mitrée (P. D. 86.12) et à la crosse (86.13). Ar. 3 p.

61 — Provence. Guillaume II de Forcalquier. WILELMVS. Au centre: COME (P. D, 87.18). Denier rare. B.

62 — Marseille. Charles I d'Anjou, tête tournée à gauche (P. D. 88.20). Denier. T. B.

63 — Valence et Die. Jean III. Grand denier à l'aigle (P. D. 103.5). Rare. T. B.

64 — Lyon. Guillaume I. V. VILELMVS. Au centre, COMES(P. D. 113.9). Grand denier. Très rare. B.

65 — Lyon. Guillaume I. PRIMASEDES... Au centre grande L barrée d'une croix accostée d'un soleil et d'un croissant (P. D. 114.9). Blanc. B.

66 — Valenciennes. Marguerite de Constantinople (Chalon, 13 var.). Gros au cavalier. Ar. B.

Savoie.

67 — Humbert II, deniers de Suse.

Amédée III, denier de Suse.

Humbert III, denier et obole de Suse, 5 p. B.

68 — Amédée VIII, quartino.

Amédée IX, petit blanc.

Charles I, parpaillole et quarto.

Emmanuel Philibert, denier de quatre gros soldi, etc.

Charles-Emmanuel, parpaillole. Demi-teston rare. Ar. et billon 11 p.

69 — Ordre de Saint Jean de Jérusalem. Manoël de Vilhena (Furse p. 259) pièce de 2 taris d'argent, T. B.

Suisse.

70 — République Genevoise 1720, vingt-un. sols.
République Helvétique 1799, 5 batzen.
Canton de Berne 1826, 5 batzen.
Canton de Solothurn 1826, 5 batzen.
Canton de Vaud 1831, 5 batzen.
Berne 1797, Vierer.

71 — Berne, MONETA NO BERNENSIS, ours à gauche surmonté de l'aigle, Rev. SANCTVS VINCENCIVS, buste de Saint Vincent à droite, teston Ar.

72 — Soleure, MONETA SOLODORENS, écu Rev. SANCTVS VRSVS MAR, buste nimbé de Saint Ours. Ar. teston, 2 p. FDC et TB.

73 — RÉPUBLIQUE ET CANTON DE GENÈVE, cinq francs 1848, par ANT. BOVY.
Tir fédéral à Lausanne 1876, cinq francs, par DURUSSEL.
Tir Fédéral à Fribourg 1881, cinq francs, par E. DURUSSEL.
Tir fédéral de Berne 1885 (légende allemande), cinq francs par E. DURUSSEL.

Italie.

74 — Galéas, M. Sforza duc de Milan, teston Ar. B.

75 — Lot de monnaies d'Argent et de billon à diviser.

JETONS

76 — Jeanne de Bourgogne, Ecu de France-Bourgogne, Rev. CETES COMTES SOVMES REIN (leg. gothique), croix dans un cercle quadrilobé. Autre variété, sans légende au Rev. 2 p. cuivre.

77 — Henri II, HENRICVS, DELPHIN VIENN DVX BRITA. Ecu de France, Dauphiné-Bretagne, Rev. DONEC TOTVM, COMPLEVERIT ORNEM. Croissant dans une rosace fleurdelisée. Laiton.

78 — SOLVM DEVM ADORABIS ET ILLI, Ecu de France. Rev. INITIVM SAPIENTIE etc. Deux dauphins surmontés d'un H couronné accosté de deux guivres 1553. 2 p. cuivre B.

79 — Ecu de France entouré du collier de Saint-Michel et de lauriers, Rev. DONEC TOTVM, etc. armes, drapeaux et lauriers, au-dessus H surmonté d'un croissant couronné, 1554, cuivre B.

80 — PLACVIT DEO OBEDIENTIA. Le sacrifice d'Abraham. Rev. dans une couronne de laurier deux mains jointes VBI FIDES IBI AMOR, 1555, cuivre B.

81 — Catherine de Medicis, O MATER DEI MEMENTO MEI, Ecu de France. Rev. AVE MARIA, etc. trois croissants entrelacés accostés de deux H sous une couronne royale. laiton B.

82 — François II, FRANCISCVS DELPHINVS VIENENSIS, Ecu de France. — Dauphiné, Rev. INTER ECLIPSES EXORIOR, 1554. Trois tiges de lis, le soleil et la Lune. Cuivre. B.

83 — Charles IX, Buste à gauche, Rev. SIT NOMEN, etc. Ecu de France, jeton monétiforme surfrappé. Cuivre.

84 — Henri III, HIS FLORENTIBVS FLOREBIT ET REGNVM. Ecu de France. Rev. EX BELLO PAX EX PACE VBERTAS. La Justice debout. En exergue CHILIAKOCH. Laiton, B.

85 — Louis XIII, Ecus de France et de Navarre. Rev. COELVM INTVENTI SORDET SOLVM. Vue d'une ville, 1613, laiton.

86 — Même avers, Rev. IGNEVS EST OLLIS VIGOR. Lion fuyant devant deux coqs, au-dessus le soleil, 1619. Ar. TB.

87 — Même avers, Rev. INFLATOS DEXTRA COERCET. Bras armé d'un trident qu'il dirige contre quatre vents à l'entrée d'une caverne. 1625. Ar. TB.

88 — Même avers, Rev. AVIDI FALLVNTVR IN VMBRA. Couronne soutenue par un bras au-dessus de l'eau. Deux chiens s'élancent vers le reflet de la couronne. 1627. Ar. TB. — Même jeton 1629. Laiton.

89 — GALLORVM LILIVM. Lis couronné. 1634. Rev. PROTEGIT VLTRA RHENVM. Le Rhin protégé sur ses deux rives par un fort et une fleur de lis. Cuivre. B.

90 — Écus de France et de Navarre. Rev. HOC SIDERE, etc., HOC VINCI, etc., GRATVM QVO SOSPITE, etc. Trois Jetons au buste du roi. REGIS AD EXEMPLVM. Abeille couronnée au milieu d'un essaim. 4 p. cuivre.

91 — Anne d'Autriche. Écu parti aux armes de la reine accosté de deux palmes. Rev. CARA IOVI SACRA IVNONI. Trois lis sur la même tige, au-dessus deux nuages. 1638. Ar. T. B.

92 — Buste de la Reine. Rev. LVMINE SIGNAT ITER. Étoile rayonnante. 1656. Cuivre. B.

93 — Louis XIV. Buste. Rev. NOVO RECREABIT ODORE. 1654. Lis sous la pluie.— Le Roi à cheval. Rev. MERCES ET CAUSA LABORVM. 1660. Couronne. 2 p. cuivre.

94 — INTEMERATA MANVS. 1663. Femme assise. Rev. CVM FŒNORE SOLVIT. Soleil au-dessus de la campagne. Ar. Rare. B.

95 — Autre. Rev. FRONDESCIT VIRGA METALLO. Arbre au milieu de la campagne. Ar. Rare. B.

96 — Buste. Rev. SALVBRIOR EXIT. 1667. Puits au-dessus duquel apparaît un seau qui déverse son eau. Ar. T. B.

97 — Buste. Rev. TRVNCVM CAPVT ABDIDIT VNDIS. 1675. Hercule et Acheloüs. Rev. FECIT VICTORIA NODVM. 1680. Faisceau d'armes. 2 p. cuivre.

98 — Tête à droite. Rev. FAC IN MEI MEMORIAM. Les Noces de Cana. En exergue 17-10, de chaque côté d'un écu rond soutenu par deux chiens. Ar. B.

99 — Buste. Rev. LIBERATORI DEBITAM REPENDO. — HOC SYDERE LILIA FLORENT — HOSPITVM REGIBVS — LATE CVNCTA PROFVNDIT. 4 p. cuivre non datées.

100 — Louis XIV et Marie-Thérèse. Bustes affrontés. Rev. VINCIT DUM RESPICIT. Soleil et nuages. — L'ENTRÉE DU LÉGAT A PARIS — L'ENTRÉE DE LA REINE A PARIS. 3 p. cuivre.

101 — Louis XV. Buste. Rev. PERPETUA EX NVPTIIS, En exergue : DIE XVI MAII MDCCLXX. Amour présentant à la France assise les écussons de France, de Dauphiné et de Pologne. Ar. B.

102 — Buste. Rev. VIGENT FIDE. Six débardeurs déchargeant un navire. Ar. T. B.

103 — Buste. Rev. LATE CVNCTA PROFVNDIT. Le Char de l'Aurore. Ar. T.B.

104 — Louis XV et Marie Leczinska. Bustes affrontés. Rev. NUPTIALIA SACRA FON. BELL MDCCXXV Cuivre.

Marie Leczinska. Buste. Rev. MAISON DE LA REINE, 1743. MICAT INTER OMNES. Croissant de lune dans un ciel semé d'étoiles. Ar. T. B.

105 — Autre daté 1758. QVOT AB VNO LVMINE SOLES. Le Soleil au-dessus d'un cristal taillé dont les facettes réfléchissent son image en tous sens. Ar. T. B.

106 — Louis XVI. Buste à droite, par DUVIVIER. Rev. celui du n° 101. Ar. T. B.

107 — Buste à gauche, par DROZ. Même rev. Ar. T. B.

108 — Buste à droite, par GATTEAUX. Rev. l'écu de France couronné et entouré de deux palmes. Ar. T. B.

109 — Buste à droite. Rev. CONSOCIARE AMAT. Minerve debout à gauche, tenant sa lance et un niveau ; devant elle deux marches. Ar. T. B.

110 — Marie-Antoinette. Écus mariés de France et d'Autriche. Rev. JETTON DE LA REINE. 1774, dans une couronne de lis. Ar., octogone, B.

111 — Philippe III d'Espagne. Statue équestre, 1645. Rev. GECTZ POVR LE BVREAV DES FINA. Ecu entouré de la toison d'or. Cuivre. B.

112 — Charles II d'Espagne et Marie-Louise. Bustes en regard. 1680. Rev. PACIS SOBOLIS QVE PROPAGO. Rameau d'olivier et épi de blé en sautoir. Cuivre. B.

NOBLESSE & PERSONNAGES DIVERS

113 — AVEYNE (Jacques d'). PRES ET TRES GNAL DE FRANCE. Écu. Rev. DAMOISELLE CATHERINE DE MOLLA. Écu parti d'Aveyne-Molla. Ar. refrappe.

114 — ARTOIS (Charles-Philippe, comte d'). Buste à droite, par GATTEAUX. Rev. MAISON DE MONS[gr] LE COMTE D'ARTOIS. Écu de France couronné sur des drapeaux. Ar. T. B.

115 — Baillet, élu de Bourgogne. NEC DENTES NEC LABRA TIMENT. Armes. Rev. FIRMAT SOL EDVCAT IMBER. Trois lis sous le soleil, 1623. Cuivre.

116 — BARBERINI (Ch.-Ant.), grand aumônier de France. Buste à droite. Rev. GRATIOR VMBRA. 1656. Trois lis et quatre abeilles. Cuivre B.

117 — Bartholy. NON STELLOE ORNANT SED NOMINA. Ses armes. Rev. NVMQVAM PROPIVS ERVNT, 1657. Monogramme. Cuivre.

118 — Bathéon de Vertrieu, conseiller à la Cour des Monnaies de Lyon et Bonne Pupil des Sablons. Leurs écus. Rev. armes de Bathéon supportées par deux lions. Cuivre. 2 p. B.

119 — Beauffremont. IN HONORE SENE SCE. Ses armes. Rev. STE MATA NIL FACI VT SI DESIT VIRTVS. Armes d'Amboise au-dessus. 1564. Cuivre. Très rare. T. B.

120 — BOURBON (L.-Alex. de), C. DE TOULOUSE ADMIRAL DE Fce. Son buste. Rev. LOUIS AVG DE BOURBON DUC DU MAYNE G. M DE L'ARTrie. Son buste. (Cuivre). — Rev. PROPERAT REPARARE VICES. Croissant au-dessus de la mer. En exergue : MARINE 1718. (Ar.) 2 p. Ar. et C.

121 — Cardon (Jacques), de Lyon. Armes. En exergue : 1637. Rev. Écu mi-partie dans une couronne. Cuivre. Rare. B.

122 — CAVMARTIN (CAS. ANT. L. F. METZ DE), 1754. Colombe descendant sur des fonts baptismaux dont le couvercle est aux armes de Caumartin. Rev. PATRIAE SPES ALTERA SURGIT. En exergue : PRÆF — ECTO. Cuivre. B.

123 — CHISIVS (CARD) NEP ALEX VII P LÉGATUS A LATERE IN FRA. Buste du Cardinal. Rev. Son entrée à Paris. Cuivre.

124 — Clausel. OMNES LACHRVMANTVR IN ORBE. Écusson. Rev. MISCENTVR IN VNVM. 1656. Monogramme : DIC. Cuivre.

125 — COSTA (I.-B.), COMTE DV VILLARDS (Savoie). Ses armes. En exergue : BRETON F. Rev. ARCENTVR VBI LVCET. Au dessus d'un jardin les foudres repoussés par le soleil. Cuivre, 2 p. T. B.

126 — DETHY (N^{as} CH^{r}), Cte DEMILLY DE L'ACAD^{ie} ROY^{le} DES SCIENC^{es}. Son buste à gauche, signé BERNIER F. Dessous : V.·.D.·.L.·.L.·.D.·.N.·.S.·. Rev. DE LEURS TRAVAUX NAITRA LEUR GLOIRE. En exergue : DES NEUF SŒURS.·. 5781.·. Les Muses sur le Parnasse. Cuivre. T. B.

127 — DVBVISSON (M^{re} IAC), C^{r} G^{al} EN LA COUR DES MONNOYES. Armes. Rev. MISCENTVR IN VNVM, 1656, Monogramme DIC. Cuivre.

128 — Entragues. Armes. Rev. JETTON DE M^{r} LE MARQUIS D'ENTRAGUES. Cuivre, rond et octogone, 2 p. B.

129 — Escoubleau de Sourdis. Armes. Rev. armes de Montmorin Saint-Hérem. Ar. Rare.

130 — Estaing (J. d'), évêque de Clermont-Ferrand. SIC ME MEA FACTA DECORANT. Armes. Rev. SIC EGO PASCO GREGEM. 1619. Pélican sur son nid nourrissant ses petits. Cuivre. B.

131 — Felix (F.), CONSEIL^{er} E PREMIER CHIRVRGIEN DV ROY. Armes. Rev. Trois sangsues. 1674. Ar. refrappe.

132 — GADAGNE (G. DE) D'HOSTVN. Élu des États de Bourgogne. Ses armes. Rev. Autel allumé. 1695. Rev. Armes de Bourgogne. 2 p. cuivre. B.

133 — Gaite. GITOIRS GIRAT GAITE DE CLERMOT. Ses armes. Rev. O GETES. SE. TV. VES. VIVRE AIIRES (lég. gothique). Croix fleurdelisées dans un cercle quadrilobé. Cuivre. Très rare.

134 — Gaston d'Orléans, usufruitier de la souveraineté de Dombes. Ses armes. Rev. ET CENSVI ET SVMPTVI, 1634. Balance. Rev. PRINCIPI MIN LICET QVOD OIA. 1636. Le peuple agenouillé devant Gaston. Cuivre, 2 p.

135 — Gonzague (Louis de) et Henriette de Clèves. Armes. Rev. IN FERVORE CHARITATIS GRAM DNI EXPECTAM9. La Manne tombant sur un autel portant la date 1640. Cuivre. T. B.

136 — Le même Jeton. 1680. Ar. B.

137 — Griffon (?). Armes. Rev. SIC FVLGET INTER LILIA. 1657. Quatre lis et cinq quintefeuilles dont un est au centre. Rev. MISCENTVR IN VNVM. 1657. Monogramme IPF. 2 p. cuivre. B.

138 — Hac (André), greffier de la covr des monoies. Armes. Rev. gallia fortit. En exergue : c. k. Mercure et Mars soulevant un lis surmonté de l'écu de France. Laiton. B.

139 — Hollier (Nicolas). Monogramme. Rev. late cvncta profvndit. Char de l'Aurore. Cuivre.

140 — Isaur (Clemen.). lvd floral restavratrix. Buste à gauche. Rev. his idem semper honos, 1754. Quatre plantes en fleurs. Ar. T. B.

141 — Ieannin (Mre Nicolas) de castille, trésorier de l'Épargne. Armes. Rev. dat gavdia redditvs orbi. 1648. Soleil levant. Cuivre.

142 — La Fage (Victor-Amédée de). Élu des États de Bourgogne. Armes. Rev. nobis dvx idem soliqve. 1722. Trois oiseaux volant vers une étoile et le soleil couchant. Ar. T. B.

143 — La Magdalene (I.P.I.E.C.P.G. de), seigneur de Ragny († 1543). Armes. Rev. inte spes nostra devs. Croix contournée des lettres I.P. Cuivre. Très rare. T. B.

144 — Lavfee (Mathevs) rechpeenm. Écus de France et de Navarre. Rev. lvdovic xiii, etc. Buste du roi. Cuivre. Rare. B.

145 — LIONNE (SEB. DE). MARQVIS DE CLAVESON. 1660. Armes. Rev. CAT BEATRIX ROBERT MARQ. DE CLAVESON. Armes. Cuivre. B.

146 — Lorraine (Ch.-Alex., duc de). Son buste à gauche. Rev. QUOD BELCII PRÆFECTVS XXV ANNIS, etc. 1769. Cuivre. B.

147 — Louis II, duc de Bourbon, comte de Clermont, régent pendant la minorité de Charles VI. BOVRBONNOIS. CLERMON. Ses armes. Rev. Lis au centre d'une croix dans un quadrilobe. Autour B.O.R (lég. gothique). Cuivre. Très rare. B.

148 — MARIA-ADELAIS DELPHINA. Buste à droite. Au-dessous : D. Rev. SPLENDOR MAGNVS MAXIMA VIRTVS. 1712. Couronne. Ar. T. B.

149 — Mercier, mari de M.-A. Bosquet, nourrice de Louis XV. Armes. Rev. Monogramme. Cuivre, octogone.

150 — Michel, personnage lyonnais. Ses armes. 1699. Rev. LVDOVICVS MAGNVS, statue équestre de Louis XIV. Cuivre.

151 — MONTAGNE (NICOLAS DE LA). Armes. Rev. MAGDDALAINE DE POITIERS. Armes au-dessus et au-dessous son monogramme. Cuivre. Très rare. T. B.

152 — ORLEANS (LE CHEVALIER D') GENERAL DES GALERES. Armes. Rev. HAUD ACCEDERE TUTUM. Deux sirènes. En exergue, GALERES, 1748. Ar. TB.

153 — Petit ? Maître des monnaies TANDEM ASTRA ATTINGAM. Armes. Rev. FELICITER QVIA PVRE. 1657. Monogramme PDAG. 2 p. cuivre. B.

154 — RAISSE (MESr FRANCOYS D Sr D LA HARGERIE. Armes. Rev. BEAT9, QVI INTELLIGIT, etc. Saint-Jean-Baptiste debout entre les lettres LD. 2 p. cuivre. B.

155 — Raousset de Boulbon et Anne Vintimille d'Olioules. Deux écus à leurs armes. Rev. Monogramme RV. Cuivre. B

156 — RENEE : D. FRACE DVCHESSE D FERRARE ET D CHRS (Chartres). Ecu. Rev. COMTESSE D GISORS ET DAME DE MONTARGIS. Grand R couronné entre lis et hermines. Cuivre. Rare B.

157 — RICHELIEV (ARMAND. IO. CAR. DVX. DE) Buste à droite. Rev. IVPPITER AVTHOR. Vaisseau à voiles. Cuivre.

158 — SCARRON (PIERRE) TRESOR. GNAL FRAN. Ex prévot de Lyon. Armes. Rev. DITAT SERVATA FIDES. Deux mains soutenant une corne d'abondance. Cuivre. Troué.

159 — SEGVIN (F) CON. DV ROY. IVT. DES. FORTIF. DV. L. F. ET. B. Armes. Rev. SIC FVLGET INTER LILIA 1656. Quatre lis et quatre roses autour d'un quinte feuille 2 p. Cuivre. B.

160 — Suremain. TENDIT AD ASTRA NANUS. Armes. Rev. comme le précédent daté 1657. Cuivre. B.

161 — Thésut, élu des Etats de Bourgogne. Ses armes. Rev. Thésée sortant du Labyrinthe. 1678. Cuivre. B.

162 — THOV (IAC. AVG. DE). Buste. Rev. SOC. DES BIBLIOPH. FR. FONDÉE EN 1820. E. FAR. 1861. Ar. TB.

163 — Trellon (Louis) ? IN OPEM ME COPIA FECIT. Armes. Rev. ABVNDANTIAM MINISTRAT MVLTITVDO. 1676. Arbre et ruche. Cuivre. B.

164 — TREMOVILLE (LOVIS DE LA) DV. D. NOIRMON Armes. Rev. Hercule portant l'Olympe. Cuivre.

165 — Valbelle. Armes accolées de deux branches de Valbelle. Rev. VERTU ET FORTUNE. 1723. (Pour le mariage de Geoffroy et de Marguerite Delphine). Cuivre. B.

166 — VENDOSME (LOUIS DVC DE) GENERAL DES GALERES Armes. Rev. VOTIS ASSVESCO VOCARI. En exergue, GALERES. 1702. Cuivre. T. B.

167 — Villeroi (Camille de Neufville) Archevêque de Lyon. Armes. Rev. NON NOBIS LVCEMVS NEC MOVEMVR. 1676. Cinq étoiles au-dessus de cinq lis. 2 p. cuivre. B.

168 — Villeroi d'Alaincourt (Ch. de Neufville), gouverneur du Lyonnais. Armes. Rev. Armes de Lyon. Ar. T. B.

169 — Villeroi (François de Neufville), gouverneur des Lyonnais. Armes. Rev. Armes de Lyon. Cuivre B.

170 — Jetons personnels indéterminés 5 p. cuivre.

DIVERS

171 — Anépigraphes. Lis. Rev. croix. — Écu de France. Rev. croix, 2 p. Champ écartelé France-Dauphiné. Rev. semé de lis. CETTES ENTENDES, etc. 4 p. Ens. 6 p. Cuivre.

172 — Dauphin dans le champ. Rev. croix dans un cercle quadrilobé. NE NOBLE ET LIBRE. — JE SVIS DE LAITOVN — AVE MARIA. 3 p. cuivre.

173 — Agnel dans le champ. Rev. comme le précédent. — HEVRTE BIEN MOUTON. 2 p. — Type au monogramme I H S. 1 p. — AVE MARIA. — Le roi debout. — Couronne. — Écu de France, 4 p. 7. p. cuivre.

174 — CETTES ENTENDES — GETES SEVRMENT — PAR AMOUR, etc. Lis dans un quadrilobe. — Lis dans un carré. — Buste de face, — Vaisseau, 4 p. Cuivre.

ADMINISTRATIONS, CORPORATIONS
EMPLOIS DIVERS

175 — Académie Française. Buste de Louis XV. Ar. B.

176 — Agents de change. Buste de Louis XIV. Rev. CONERS DU ROY AGENS DE CHANGE, 1711. ET SERVAT ET AUGET. Ar. B.

177 — Apothicaires. MARCDS APOTHICAIRES EPICIERS. 1710. IN HIS TRIBVS VERSANTUR. Rev. LANCES ET PONDERA SERVANT. Ar. T. B.

178 — Argentiers du Roy. 1727. Buste de Louis XV. Rev. MUTAT FACIES SEMPERQUE DECENTER. Ar. T. B.

179 — Artillerie 1734. Buste de Louis XV. Rev. SI VIS PACEM PARA BELLUM. 2 p. Cuivre. B.

180 — Assurances, Buste de Louis XIV. Rev. CHAMBRE DES ASSURANCES. Cuivre.

181 — Avocats aux conseils du Roy, 1762. Buste nu de Louis XV, par TREBVCHET. Autre, lauré, par LORTHIOR. 2 p. Ar. B.

182 — Bâtiments du Roy. 1753-1754-1756-1757. Au buste de Louis XV. (Ar. 5 p.). 1680. Au buste de M. THERESE. 1682-1704. Au buste de Louis XIV (Cuivre 3 p.).

8 p. Ar. et Cuivre. B.

183 — Chambre aux deniers. Ecus de France et de Navarre. Rev. EXCISVS MELIVS NITET 1665. Ar. T. B.

184 — Id. Buste de Louis XV. 1734-1739-1742-1744-1745-1748-1751-1757-1758 — 9 p. Ar. T. B.

185 — Chambre des Comptes — Ecu de France. Rev. NOSCENDE EST MENSVRA SVI. 1555. Croissant couronné. — Ecus de France et de Navarre. Rev. SERVAT VIGILANTIA REGNA. Couronne dans un cercle d'yeux et d'oreilles. 2 p. Cuivre.

186 — Chancellerie de France. Champ semé de lis. Rev. BONOS FOVET FVGATQVE REBELLES. 1623. Saint Louis debout. Cuivre.

187 — Chirurgie (Académie royale de). Tête de Louis XV. Rev. COLIT ET COLITVR 1751. Minerve et Amour. Ar. T. B.

188 — Clergé. Réunions de 1690-1700-1705-1745-1762-1780 (octogone). 6 p. Ar. B.

189 — Commissaires-Priseurs. Tête laurée de Napoléon Ier, par TIOLIER. Rev. ELECTIS FIDITE. Justice assise (octogone). Ar. T. B.

190 — Connétablie maréchaussée de France. Rev. NON SINE NVMINE. Bras armé. Ar. T. B.

191 — Conseil du Roi. Ecu de France. Rev. REGNABIS TV QVOQVE VOTIS. 1615 — ESTO DOMI. 1628— HÆC META LABORVM. 1636 — NOSTRIS PARS REDDITA TERRIS. 1645 — SIC REGNVM CVM PRINCIPE CRESCIT 1646 — COLLIGIT VT SPARGAT. 1656. 6 p. Ar. B.

192 — Conseillers de Ville. Tête du Roi. Rev. CAPIT OMNI EX ORDINE LECTOS. 1702. Ar. T. B.

193 — Doreurs, argenteurs, ciseleurs sur tous métaux. Buste de Louis XV. Rev. St-Éloi. 1765. Ar. Rare. T. B.

194 — Ecuries du Roi. Buste de Louis XV. Rev. BELLI PACISQVE DECVS. Cheval au galop. Ar. T. B.

195 — Guerres (ordinaire). Ecus de France et de Navarre 1645. — Buste de Louis XV. 1666 — Buste de Louis XV. 1728 (3 p. Ar.). Buste de Louis XIV. 1666, 1668, 1674, AVDAX IRE VIAS (4 p. cuivre).

7 p. Ar. et Cuivre.

196 — Guerres (extraordinaire). Buste de Louis XIV. 1672 — Buste de Louis XV. 1727, 1728, 1749, 1761, 1772 (6 p. Ar.). — Buste de Louis XIV, 1672, 1675, 1708. — Buste de Louis XV. 1749 (4 p. cuivre). 10 p. Ar. et C.

197 — Juge et Consuls. Buste de Louis XV. Rev. INSVPER. ALAS ADDIDIMVS. 1750. Ar. B.

198 — Maçons. Buste de Louis XV. Rev. ARTE SOLIDITAS, édifice. En exergue ART DE LA MAÇONNERIE. Ar. B.

199 — Manufactures de l'État. Tête de la République. Ar. B.

200 — Marine. Buste de Louis XV. Rev. FERRO ET PERNICIBVS ALIS. 1758. Ar. T. B.

201 — Marine (Académie royale). Buste de Louis XVI, par DROZ. Rev. PER HANC PROSVNT OMNIBVS ARTES. 1778. Vaisseau à voiles, par DVVIVIER. Ar. T. B.

202 — Menuisiers et Ébénistes (communauté des maîtres). SIC FINGIT TABBERNACVLVM DEO. 1748. Ar. T. B.

203 — Monnaie. JETT. DV. MAIST. DE. LA. MONN. Buste à gauche. Rev. PAX. TIBI MARCE. EWAGELIST (en lettres gothiques), lion de Saint-Marc. Cuivre. Rare.

204 — Monnaie (Ajusteurs de la) de Paris. 1756. DANT PONDVS. Rev. DANT PRETIVM. 2 p. Ar. T. B.

205 — MONNAIES (CHARGÉ DU DEPARTEMENT DES). En exergue NOUVEL HOTEL DES MONNOYES. 1768. Rev. CHASTEAU DE BELLEVUE. 1752. Ar. Octogone. B.

206 — Notaires. Buste de Louis XIV. Rev. CONERS DV ROY ET NOTAIRES. 1700. — Buste de Louis XV. Rev. le même. 1720. 2 p. Ar. B.

207 — Ordre du Saint-Esprit. Tête de Louis XIV. Rev. PACIS AMOR BELLIQVE DECVS. 1714. — Buste de Louis XV. Rev. ORDRE DU SAINT-ESPRIT. 1740. 2 p. Ar. T. B.

208 — Ordre militaire de Saint-Louis. Buste de Louis XV. FIRMATVR CONSILIO VIRTVS, Saint-Louis debout. Ar. T. B.

209 — Ordre du Mérite Militaire. Buste de Louis XIV. Rev. LVD MAGNVS INSTITVIT. 1693. LVD XVI ILLVSTRAVIT, 1779. Ar. Octogone. B.

210 — Parties casuelles. Buste de Louis XIII. Rev. Ecus de France et de Navarre (cuivre). — Buste de Louis XV. Rev. TVTIVS VT VIVANT. 1732. — Rev. CRESCITQVE CADENTIBVS VNDIS. (Ar. 2 p.). 3 p. Ar. et C. B.

211 — Payeurs des Rentes. Tête de Louis XV. Rev. FIDE QVA SVMPTA REPENDO, 1764. Ar. B.

212 — Pharmacie (Collège de). 1778. HIS TRIBVS VERSANTVR. Rev. ET VIGIL ET PRVDENS. Coq et Serpent. Ar. B.

213 — Ponts et Chaussées. Buste de Louis XV. Rev. NOVVM DECVS ADDIDIT VRBI. Pont sur un fleuve. Ar. B.

214 — Procureurs de la Cour. Justice assise. Rev. IVSTITIA ET PAX OSCVLATÆ SVNT. 1713. Ar. T. B.

215 — Revenus casuels. Buste de Louis XIV. Rev. EX JACTVRA LVCRVM. Cuivre.

216 — Secrétaires du Roy. Buste de Louis XV. 1715, 1724, 1731. 6 p. Ar. B.

217 — Société amicale des Enfants d'Apollon. Buste de Louis XV. Rev. LAVREA DONANDVS APOLLINARI. 1777. Ar. B.

218 — Syndics généraux. Buste de Louis XVI. Rev. PRIVILEGIES DV ROY SVIVANT LA COVR, 1779. Ar. T. B.

219 — Tapissiers. Tête de Louis XV. Rev. ÆQVALI VIRTVTE OMNIA REGIT. 1752. Ar. B.

220 — Teinturiers. Buste de Louis XV. Rev. DE TE LVX DE LVCE COLORES. Ar. T. B.

221 — Traiteurs. Buste de Louis XV. Rev. MATER CHRISTI. Ar. B.

222 — Trésor Royal. Buste de Louis XIV, années 1677, 1678, 1681, 1698, 1702, 1703, 1704. 7 p. Ar. B.

223 — Id. Buste de Louis XV, 1722, 1730, 1736, 1739, 1749, 1750, 1753, 1754 (8 p. Ar.), 1739, 1742, 1750, 1752, NON SPEM DELVSIT (6 p. C.), 14 p. Ar. et C. B.

224 — Trésorerie générale des Fermes de France. Ecus de France et de Navarre. Rev. SAPIENS VBI COPIA RERVM. 1628 (Ar.). Rev. SEMPER METIT QVI NON EVELLIT. 1636. — Buste de Louis XIII (2 p. Cuivre). 3 p. Ar. et C. B.

225 — Vins (Les gardes marchands de). ÆQVATIS IBVNT ROSTRIS. Rev. REGVM MENSIS ARISQVE DEORVM. Ar. T. B.

VILLES ET PROVINCES

226 — **Amiens.** Chambre de Commerce de Picardie, établie à Amiens, le 6 août 1761. 2 p. Ar. T. B.

227 — **Angers.** FR. RAYMBAVLD, maire, 1701. Rev. COLLEG. ANDINO ÆDIFIC. Cuivre. B.

228 — **Artois.** Buste de Louis XV. Rev. COMITIA ARTESIÆ. 4 p. Cuivre.

229 — **Bar.** IETS DE LA CHAMBRE DE VILLE DE BAR. 1700. Rev. PLVS PENSER QVE DIRE. 2 p. Cuivre. B.

230 — **Bayonne.** Écu de France. Rev. NVNQVAM POLLVTA, 1738. Armes de la ville. — Buste de Louis XV. Rev. Le précédent. 2 p. Ar. T. B.

231 — **Beaune.** *Maires.* IOANNES BERARDIER. Rev. MAGISTRAT ET COMMVNIT, etc. — LVDOVIC LOPPIN, 1635. Rev. SANCTA MARIA...— PET TIXIER, 1673. Rev. VNI DISCORDIA... Armes de Tixier. — J. B. DE LA MARE, 1677. Rev. PATER MORIENDO. — P. GILLET. Rev. Ses armes. VIGILANT... 1719. 8 p. Cuivre. B.

232 — **Besançon.** Gouverneurs. Armes de Buson. AVT PERFICE AVT TENTES. Rev. Armes de Varin d'Ainvelle ou de Fontaine. TVTVS HÆC ANCHORA PORTVS. Cuivre. T. B.

233 — **Bordeaux.** Buste de Louis XV. Rev. MUNIFICENTIA URBIS BURDIG. — Buste de Louis XVI. Rev. COURTIERS ROYAUX DE BORDEAUX, 1768. — Société des Sciences et des Arts. AN. VI. Rev. UTILE DULCI. Ruche. 3 p. Ar. T. B.

234 — **Bourges.** *Archevêques.* FRED HYER DE ROYE DE LA ROCHEFOUCAULT... Son buste à droite. Rev. Armes, 1729. — GEOR. LUD. PHELYPEAUX. Son buste à droite. Rev. Armes, 1757. 2 p. Cuivre.

235 — **Bourgogne.** États de 1688, 1694, 1761, 1764. 4 p. Ar. B.

236 — Id. 1584, 1634, etc., 1752. 49 p. Cuivre.

237 — **Bretagne.** États de 1726 (cuivre), 1736, 1766. (Ar.). 3 p. Ar. et Cuivre. B.

238 — **Cambrai.** Buste de Louis XVI, par GATTEAUX. Rev. CIVTAS CAMERACENSIS. Ar. T. B.

239 — **Châlons.** Buste de Louis XV. Rev. HOTEL DE VILLE DE CHALONS. Armes de la ville. Ar. T. B.

240 — **Clermont.** Louis d'Estaing, évêque. Ses armes, 1653. Rev. Saint François d'Estaing, évêque de Rodez, bénissant. Cuivre. B.

241 — GILB. DE VENY DARBOYZE, évêque. Ses armes. Rev. HINC FOVET INDE TVETVR, 1666. Cuivre. T. B.

242 — FRANC BOCHART DE SARON, évêque. Armes. Rev. LUCE REGUNT MONSTRANT QVE VIAM, 1693. Cuivre. T. B.

243 — JOANN BAPTISTA MASSILLON, évêque. Armes. Rev. ODI PROCELLAS ET PROCUL ARCEO, 1719. Cuivre. B.

244 — **Courtrai.** Buste de Louis XIV. Rev. TERRITORIVM CORTRACENSE, 1669. Armes. Ar. B.

245 — **Dijon.** CAPELLA SANCTA DIVIONEN. Armes de la Sainte-Chapelle de Dijon. Rev. HIC EST DISCIPVLVS... Saint Jean entre deux lis. — PROGENTIBVS COMPOTORVM. Écu de France. Rev. DNI NOSTRI... 1543. Salamandre couronnée. 2 p. Cuivre. B.

246 — *Maires*. IHESVS IV ES GRAND, 1569. Armes de Tisserand. Rev. Justice.— G. ROYHIER. Rev. VRBIS STEMMATA... — IEHAN IAQVINOT FILZ, 1600. — I PERROT, 1606. — E DE LOISIE, 1607. — E. HVMBERT, 1610. — I. BOVSSVET, 1613. — ESME IOLY, 1615. — P. FOVRNERET, 1618. — BENIGNE LE COMPASSEVR, 1621-1622.— I. TISSERAND, 1623. — E. HVMBERT, 1627-1628. — IACQ. DE FRASANS, 1631. — IA. SOIROT, 1645. — C. BOSSVET, 1647. — MARC. ANT. MILLOTET, 1651-1653. — IEAN SIREDEY, 1655. — P. COMEAV, 1657-1658. — H. DE LA CROIX, 1660-1661. — IACQ. DE FRASANS. 1662. — BENIC BOVILIER, 1665-1666. — IEAN IOLY, 1667-1669. — B. P. BAVDINOT. 1675. — P. MONIN, 1678. — IEAN IOLY, 1681. — M^er DE BADIER, 1686.— IEAN IOLY, 1689.— PH^te IANNON. 1693. 41 p. Cuivre.

247 — FR. BAVDOT, 1701. — IUL. CLOPIN, 1705. — NICOLAS LABOTTE, 1713. — M. BAVDINET VIC. MAI. 1716. — ET^ne BAVDINET, 1719. — M. BAVDINET VICOMTE MAIEUR, 1725-1727. — PHILIB. BAVDOT, 1730. — JEAN P^re BVRTEVR, 1733-1736-1739-1742-1745-1748, — CLAVDE MARLOT, 1751. — N. CL. ROVSSELOT, 1765. — GVILLAVME RAVLOT, 1772 (1 p. Cuivre et 2 p. Ar.). — LOUIS MOUSSIER, 1787. 2 p. Ar. et 21 p. Cuivre.

248 — **Dôle**. Buste de Philippe II d'Espagne, 1589. Rev. GECTS P. L. CHAM. D. COMPTES. A. DOLE. Cuivre.

249 — **Flandre Wallonne**. Buste de Louis XVI. Rev. COMITIA... Ar. octogone. B.

250 — COESA FIRMABANT FOEDERA PORCA, 1596. Porc et bras céleste. Rev. FIDE ET CONSTANTIA. — Jetons à légende illisible. 3 p. cuivre.

251 — **Grenoble**. M. LAVRENS ALEMAN. EVE ET PRIN. D. GRENOBLE. Armes. Rev. DEUS COMES CASUS IN OMNES. Bras armé. Cuivre. Rare. B.

252 — **Languedoc**. États de 1659, 1664, 1667 (Cuivre), 1718. Rev. PHLIP. DUX. AUREL. Son buste, 1766, 1785 (Ar.). 6 p. Ar. et Cuivre. B.

253 — Buste de Louis XVI, par GATTEAUX. Rev. QVOD ANNO 1787. ARTH. RICH. DILLON. ARCH. PRIM. NARB. etc., STEPH. CAROL. LOMENIE. ARCH. TOLOS. AERARIAE REI. etc... 1788. Ar. Rare. T. B.

254 — **Lille**. Buste de Louis XV. Rev. UT REGAT HINC REGITUR. En exergue : CHAMBRE DE COMMERCE, etc.— Loge des Amis Réunis. CONSTANTIA MERUERE LUMEN. Triangle compas, équerre. Rev. Légende maçonnique. Trois jeunes gens debout. 2 p. Ar. B.

255 — **Lyon**. ALPH. CAR. AR. LVG. MAG. DR. ELEEMOSINARIUS. Armes de Richelieu. Rev. INTELLIGIT SUPER. EGENUM. En exergue: CAM. HOSP., 1635. L'archevêque, père du cardinal de Richelieu, debout. Cuivre.

256 — P. CARD. DE TENCIN. Buste à droite. Rev. ARCHIEP. LUGD. UNUS. E. REGNI. ADMINISTRIS. Armes de Pierre Guérin, cardinal de Tencin, archevêque, Ar. B.

257 — HVMB DE CHAPONAY, gouverneur de la ville. Armes. Rev. LEONORA DE VILLARS, 1623. Sa femme. Armes dans un cercle de lacs. Cuivre. Rare.

258 — NICOLAS. PROST. CON. DV. ROY. AV. PRE. DE LYON, 1665. Armes. Rev. NIL VENTI SINE RECTORE. Vaisseau à voiles. 2 p. Cuivre. B.

259 — THOMAS DE MOVLCEAV, procureur général. Ses armes. Rev. ÆQVITAS VRBIS CONSERVATIO, 1674. Justice. Cuivre. B.

260 — Pierre Nicolau, Trésorier général de Lyon· Ses armes. Rev. Armes de la ville. Ar. T. B.

261 — *Prévôts des Marchands.* HVGVES DE POMEY, 1661. Ses armes. Rev. Écus des échevins. — GASP. CHARRIER, 1665. Rev. NIL VENTI. — Mre P. MASC. Armes de Mascranny. Rev. QVEM REGIMVS QVISNAM POST HAC IMPVNE LACESSET, 1667. — DE SILVECANE. Rev. NEC MORAS, 1670, 5 p. Rares. Cuivre.

262 — IEAN CHARRIER. Rev. VTILITATI PUBLICAE, 1672. — DE FLESCHERES, 2e prévôté. Rev. Les quatre Échevins. — DE LIERGUES. Rev. Les quatre Échevins. — DYLIEV. Armes. Rev. LVG-

DVNVM, 1692. Vue de la ville. — Rev. FIDES OBSEQVENS, 1692. — Rev. Les quatre Échevins, 1692. — Rev. AYMAISTRE. — Rev. DE LA FONT. — Rev. DARESTE. — Rev. CHOISITY. 16 p. Cuivre.

263 — LOVIS DVGAZ. 2e prévôté, 1699. — IEAN VAGINAY, 1701, 2e prévôté, 1703. — CACHET DE MONTESAN, 1705, 2e prévôté, 1707. — RAVAT, 1709 (tous ayant au Rev. les quatre échevins). Rev. Les armes de Lyon, 1709. — 2e prévôté, 1711 ; 3e prévôté, 1713, 4 p. (dont 2 en Ar. aux armes de Lyon ; 4e prévôté, 1715 (ayant tous le Rev. aux quatre écus). Rev. Armes de Lyon. 22 p. Cuivre et Ar.

264 — T. DVGAZ, 1727 ; 2e prévôté, 1727 ; 3e prévôté, 1729. — PERRICHON, 1731 ; 2e prévôté, 1733 (Rev. aux quatre écus) ; 3e prévôté. 1735. Rev. Armes de Lyon. 4e et 5e prévôtés, 1737 et 1739. Rev. Les quatre écus. — Armes des Perrichon. Rev. Armes de Lyon. Sans date. 18 p. Cuivre.

265 — CLARET DE LA TOURETTE, 1re et 2e prévôtés, 1741-1743. — RIVERIEULX DE VARAX, 1re et 2e prévôtés, 1745, 1749. Rev. Les quatre écus. — PIERRE DUGAZ. 1751. Rev. Armes de Lyon (Ar. et cuivre). — J. B. FLACHAT, 1re, 2e, 5e et 6e prévôtés, 1753, 1755, 1761, 1763. Rev. Armes de Lyon. 21 p. Cuivre et Ar.

266 — *Échevins*. F. LVMAGVE. Rev. FŒLICITER QVIA PVRE. — CLAUDE DE MADIERES. Armes. Rev. NIL VENTI SINE RECTORE. Vaisseau. — CL CACHET ESC SEIG DE MONTESAN PRE[r] ESCHEVIN DE L. Armes. Rev. NEC MORAS NEC NOVIT ERRORES. 1670. Horloge sur une table (Ar. T. B.). Cuivre et Ar. 4 p. B.

267 — IEAN FRANCOIS PHILIBERT. Armes. Rev. VTILITATI PVBLICÆ, 1672. Pont. — CLAUDE PECOIL. Armes. Rev. ÆQVITAS, etc. Justice, 1674. — IEAN GREGAINE. Armes. Rev. Le même, 1674.— LOVYS DE COTTON. Rev. Le même, 1674. — JEAN BAP. GIRAUD. Rev. Lé même. 1674. — Léonard Bathéon. Armes, 1678. — MATHIEU AUMAISTRE. Ses armes. Rev. MATHIEV DE LA FONT. Ses armes. — BARTHELEMY DARESTE. Rev. FIDES OBSEQVENS, 1692. — NOBLE FRAN DU FOVRNEL. Rev. Armes de Lyon. 14 p. Cuivre.

268 — ALBANEL, RENAVO, GOIFFON, PEYSSON, 1717. Quatre écus. Rev. Armes de Lyon, 19 p. Ar. et 2 p. en Cuivre.

269 — IANNON, PERRIN, BOVRLIER, CASTIGLIONY, 1719. — BOVRG, ESTIENNE, MICHON, MICHEL, 1721. — GOY, ROLLAND, DVSOLEIL, REVERONY, 1723. — Mr IEAN C BLANCHET. Rev. Armes de Lyon (Ar.). — DESCHAMPS, RAVACHOL, DVMAREST, RIGOD, 1747. 8 p. Cuivre et Ar.

270 — NOBLE ANDRE RAMBAUD LAINE, 1769. — NOBLE JEAN ANTOINE ROUXLAINE. 1769. — NOBLE JEAN-ANTOINE-CHIRAT. 1771. — NOBLE ANTOINE-HENRI-JORDAN-LAINÉ. 1780. 6 p. Ar. T. B.

271 — Académie des Sciences, Lettres, Arts. Rev. ATHENAEVM. L'Autel de Lyon. 1700. — Tête d'Apollon, signée BARRE. 1828. Rev. Le précédent. 3 p. Ar. refrappes.

272 — AFFINAGES. LYON. Rev. QVOD REGIT NOTAT. 1744. Cuivre.

273 — AGENTS DE CHANGE. 1773. Rev. Armes de la ville. — Autre 1801 (refrappe) — 1803. Rev. Buste de Bonaparte (refrappe). — 1816. Rev. Armes de la ville. 4 p. Ar. T. B.

274 — Arquebusiers. ACAD LVGDVMENSIS SCLOPETARIA, 1741. Rev. Armes de Lyon. — Autre. Rev. VICTORI PRAEMIA PONIT. Armes de la ville. 4 p., Ar. T. B.

275 — COMP[E] DE L'ARQVEBVZE DE VILLENEVVE DE LYON. Rev. SCOPVS OMNIBVS VNVS, 1770. 2 p. Ar. T. B.

276 — Avoués. LEGE DVCE COMITE JVSTITIA. La Justice et la Loi debout, signé : Mercié, à Lyon. Rev. QUIETAM NEMO IMPUNE LACESSET. Egide suspendue à un palmier. Ar. T. B.

277 — Caisse d'épargne et de prévoyance fondée en 1822. Rev. vade ad formicam. Ar. Décagone. T. B.

278 — Chambre dv commerce. Armes de la ville. Rev. mvneribvs pretoisa svis. En exergue : x viri, etc. Rev. svis le lion, etc. Armes de la ville, par Caqué. — Autre, par Chavanne (octogones). xv viri lvgdvn sommercus regvndis. Rev. sericis lvgdvn inservit orbi. 4 p. Ar. T. B.

279 — Chambre syndicale des entrepreneurs. Rev. société fondée en 1863. Ar. T. B.

280 — Comité de secovrs avx ovvriers sans travail, 1877, signé : E. Pagny.

281 — Commerce de draperies, 1755. Rev. ditat vestit et ornat. La Toison d'or gardée par le Dragon. 2 p. Ar. T. B.

282 — Conseil des prud'hommes, signé : Penin, 1843. Ar. Octogone. T. B.

283 — Conseil municipal, 1838. Rev. Armes, signé : L. Mouterde. — Buste de la Ville, signé : L. Schmitt. Rev. Lion. svis le lion, etc. 2 p. Ar. T. B.

284 — Courrier (le) de Lyon. journal fondé, etc., 1831. Rev. liberté, union, etc. Lion. Ar. T. B.

285 — Cours officiel des marchandises, loi du 18 juillet 1866. Rev. in medio stat vervm. Ar. T. B.

286 — Courtiers (Les) pour la soie. 1827. Rev. Tête tourelée de la ville. 2 p. Ar. et C. Octogones. T. B.

287 — Consuls. viris, consvlaribvs. 1756. patria memor. Rev. Armes de la ville. 4 p. Ar. B.

288 — Dispensaire général de Lyon. 1818. Rev. vade et tv fac similiter. 2 p. Cuivre.

289 — Fourrier de la garde nationale de lyon. Rev. 1790. Cuivre. Octogone.

290 — Hopitaux civils. Conseil général d'administration. 1845. Rev. childebert et vltrogothe. Bustes par Schmitt. Ar. T. B.

291 — Imprimeurs, libraires. bibliopolae. et. typographi. Minerve devant une presse. Rev. Armes des Libraires et Imprimeurs de Lyon. Ar.

292 — Notaires (Les) de l'arrondissement de lyon. 1805, 1812, 1830, 1839 (octogone), autre sans date (octogone). 6 p. Ar. T. B.

293 — Sociétés diverses. S. D'AGRICULTURE, D'HISTOIRE NAT. ET DES ARTS UTILES. Rev. Soleil dans une couronne d'épis (octogone). — Autre. Buste de ROZIER, à gauche, par Pillart. 1821. — Autre. Buste à droite de Rozier, par CAQUÉ. 1834. 3 p. Ar. T. B.

294 — S. DES AMIS DES ARTS. Buste par BARRE. 1839. — COMMERCII ET ARTIVM AMICI. 1805. Rev. Tête de Minerve à gauche. 4 p. Ar. T. B.

295 — S. ANONYME DE LA RUE IMP DE LYON. Rev. Buste tourelé et couronné de la Ville, par M. PENIN. — S. ACAD. D'ARCHITECTVRE DE LYON. 1842. Rev. PHILIBERT DELORME, tête à gauche, par DANTZELL. — S. LYONNAISE D'ASSURANCES CONTRE L'INCENDIE....1839. Rev. UNA NOX FVIT... Lion couronné et armé, par DURAND A LYON (octogone). — S. CIVILE DE L'OMNIUM. 17 AVRIL 1838. Armes de la Ville. Rev. LE FAISCEAU RÉSISTA, signé BARRE. 4 p. Ar. T. B.

296 — S. D'ÉDUCATION, 1845, par CHARRASSE (octogone). — S. D'ESCOMPTE. 6 DÉCEMBRE 1889. — S. D'HORTICULTURE PRATIQUE DU RHÔNE. 1843, par L. PENIN. — CIRC. LITER. 1809. 4. p. Ar. T. B.

297 — Société médicale. STUDIO ET ARTE. 1789. Rev. HIPPOCRATES. Son buste, par CHAVANNES. — Rev. MEDICINAE PHILOSOPHIAM. Buste d'Hippocrate, par BARRE. — S.. MÉDICALE D'ÉMULATION.

1841 (octogone). — S.. DE PHARMACIE. 1806. Rev. CLAUDE GALIEN. Buste à droite, par CHAVANNES. — S. DE SECOURS MUTUELS POUR LES OUVRIERS EN SOIE. 6. p. Ar. T. B.

298 — TRANSPORTS LYONNAIS (octogone). TRIBUNAL DE COMMERCE. 3 p. Ar.

299 — Tribunal de première instance. SOCIETATIS PRAESIDIUM. La Justice debout. Rev. AN III DU CONS. 1801. Lion défendant les tables de la Loi. Ar. T. B.

300 — **Marseille.** Buste de Louis XVI, par N. GATTEAUX. Rev. CHAMBRE DE COMMERCE. 1775. Ar. Octogone. B.

301 — **Monaco**. Cercle. Rev. JETON DE 2 FRANCS. Ar. T. B.

302 — **Moulins**. F. C. CADIER. CH^ER^ BARON DE VEAUCE MAIRE. 1766. Armes. Rev. VILLE DE MOULINS. Armes de la Ville. Ar. Rare. T. B.

303 — B^OT^ BARDONNET ECY^ER^ C^LER^ AU P^DIAL^ MAIRE. Armes. Rev. PATRIÆ MUNUS. Armes de Moulins. Ar. T. B.

304 — Buste de Louis XV. Rev. VILLE DE MOULINS. Armes de la Ville. Ar. Rare. T. B.

305 — **Nancy**. Armes d'Antoine Chaumont et de Bergeret. Rev. NON INVLTVS PREMOR. Armes de Nancy. Cuivre B.

306 — Buste de Charles IIII. Rev. GECT DE LA CHAMBRE DE VILLE. 1663. — NON INVLTVS PREMOR. Armes de la Ville. Rev. IETTON DE LA CHAMBRE DE VILLE. Vue de la Ville. 1733. 2 p. Cuivre.

307 — **Nantes**. HIC DATVS EST NVMMVS..., etc. Ecu de France-Bretagne. Rev. OCVLI OMNIVM, etc. 1639. Le Vaisseau de la Ville. — BENE GESTI MVNVS HONORIS. 1661. Armes de Poullain. Rev. CIVITATIS NANNETENSIS INSIGNIA. Armes de la Ville. — DE LA MARIE DE Mr BELLABRE, etc. Armes de la Ville. Rev. PROTEGIT ET PASCIT. 1752. Armes de Bellabre. Cuivre.

308 — DE LA MAIRIE D'ÉCUYER FRANÇOIS LIBAULT. Armes de la Ville. Rev. PRO DEO REGE ET PATRIA. 1766-1767. Armes de Libault. Ar. T. B.

309 — **Orléans**. Chambre des Chaussées. 1586. Ecu. Rev. DE MANU INIMICORVM, etc. Ecu de France. — Communauté des Marchands de la Loire. Rev. EX LIBERTATE, etc. Vue de la Ville d'Orléans. 4 p. Cuiv.

310 — **Paris**. GRAND CERF (IEAN). 1645. Armes. Rev. DV SERMENT. DE. FRANCE. MONOYER DE PARIS. 1649. Ecusson. Cuivre.

311 — HARLAY. (MRE AC. DE), comte de Beaumont, procureur général. Ses armes. Rev. VRBIS ET FORI. PAVPERVM TVTELA. 1672. Armes de la Ville. Cuivre. B.

312 — POSUEL DE VERNEAUX, président de la Cour des Monnaies, lieutenant général de police, ses armes. Rev. EX IVSTITIA, etc. La Justice assise. Cuivre.

313 — *Prévôts des Marchands.* — HIEROSME LE FERON, 2e prévôté. 1649. — ANTHOINE LEFEBVRE. 1651-1652 (4 p. cuivre), 2e prévôté. 1654. — ALEXANDRE DE SEVE, 1657, 2e prévôté. 1658. (4 p. Ar. refrappe), 3e prévôté. 1659. — VOYSIN. 1665. (2 p. cuiv.).— CLAVDE LE PELETIER, 3e prévôté. 1674. (Ar. refrappe). DE POMEREV, 3e prévôté. 1682. (Cuivre). 12 p. Ar. et C.

314 — LE PRÉSIDENT DE FOVRCY. ARAS VICTO HOSTE TVETVR. Épée à laquelle sont attachés l'Ephod et le Rational. Rev. Buste de Louis XIV. 1686. Ar.

315 — CLAVDE BOSC, 2e prévôté (refrappe), 4e prévôté. 1700. Armes de la Ville. Rev. TVETVR ET ORNAT. Statue équestre de Louis XIV. 2 p. Ar.

316 — CHARLES BOUCHER DORSAI, 2e prévôté. Ses armes. Rev. SERVAT AMOREM. 1703. Soleil éclairant un tournesol (Ar.), 3e prévôté. 1705. Rev. LÆTOR, etc. (Cuiv.). 2 p. T. B.

317 — MICH. ETI. TURGOT, 3e prévôté. 1736. — FEL. AUBERY, MQUIS DE VASTAN. 1740. — L. BAZILE DE BERNAGE, 2e prévôté. 1746, 4e prévôté. 1750, 6e prévôté. 1754. 5 p. Ar. T. B.

318 — ARM. JER. BIGNON. 1766. 3e prévôté. 1769. — J. R. FR. DE LA MICHODIÈRE. 1773. 3 p. Ar. T. B.

319 — *Échevins.* P. PARFAICT, receveur général des pauvres. 1624. — I. GARNIER, receveur général des pauvres, — CL. GALLAND. 1640. — N. H. CLAVD. D. BOVRGES, 1645. — A. LE. VIEVLX. 1654. 5 p. Cuivre.

320 — LES SIX CORPS DES MARCHANDS. Tête de Louis XIV. Rev. VINCIT CONCORDIA FRATRVM. 1672. Hercule assis. Ar. B.

321 — Le premier corps des marchands de Paris. UT COETERAS DIRIGAT. Pont sur la Seine. 1699. — NON SIBI SED NOBIS. 1700. — N. PAIGNON. 1700. LABOR ALITIS AUFERT. — ABEL PONCET. 1701. VIGILAT. 5 p. Ar. T. B.

322 — MARC. NAV. 1702. Armes. Rev. PREMIER CORPS, etc. Navire des drapiers. Ar. Rare. T. B.

323 — N. GALLOIS LE FILS. 1703. PRIMAM DANT VELLERA SEDEM. — ANTOINE CHARLE LANGLOIS. 1704. — Armes de 1704. 3 p. Ar. T. B.

324 — MARC. ANTOINE DEVVAILLY. 1706. VELLERA TVTA FOVET. Saint Jean assis. Ar. Rare. T. B.

325 — E. ROLIN. 1708. DITAT EVNDO. Fleuve. Ar. Rare. T. B.

326 — Buste de Louis XV, par C. N. R. FILIUS. Rev. COMMISS DES PAUV DE LA PAR ST-LAURENT. 1736.

327 — Ecole royale de Chirurgie. SALUTI PUBLICÆ. 1775. Rev. VETAT MORI. Femme debout tenant une couronne. (Cuivre). — VACCINATIONS MUNICIPALES. 1814. Rev. EX INSPERATO SALVS. Une Vache (Ar.). 2 p. B.

328 — **Riom**. M[R] DE COMBE ES[R] L[T] GENERAL PREVOST DE LA MONNOYE. Armes. Rev. DVCALIS ARVERNORVM CIVITAS. 1693. Armes de la Ville. Cuivre.

329 — **Roanne**. CANAL DE ROANNE. Rev. Écus de Roanne et de Genève. Cuiv. Octogone.

330 — **La Rochelle**. Chambre de Commerce. 1754. Rev. Tête de Louis XV. Ar. B.

331 — **Rouen**. Avocats. Tête de Lois XV. Rev. FORENSIB. ORATORIB. IN. SENAT. NORMANN. 1726. Ar. T. B.

332 — **Saint-Étienne**. Société des Mines de fer. Rev. DE GALLOIS FONDATEUR. 2 p. Ar. et C.

333 — **Saint-Omer**. JOSEPH. ALPHONS. DE VALBELLE, évêque. 1730. Rev. VERTU ET FORTUNE. 1723. Cuivre.

334 — **Saône-et-Loire**. Compagnie d'éclairage au gaz. 1838. Rev. VILLES DE CHALON ET MACON. Ar. Octogone.

335 — **Toulouse**. Académie royale des sciences, inscriptions et belles-lettres. Rev. LABOR OMNIBUS UNUS. Ar. T. B.

336 — **Tournai**. Tête de Louis XIV. Rev. HINC DECVS ET ROBVR. (TORNACVM). 1686. Armes de la Ville. Ar. T. B.

337 — **Tours**. *Maires*. C. COTEREAV. 1619-29. — F. MORIN. 1631. 2 p. Cuiv.

338 — **Trévoux**. Tête de Louis XV. Rev. AFFINAGE ROYAL DE TRÉVOUX. 1766. Vue de la Ville. Cuiv.

339 — **Versailles**. MAISON PHILANTROPIQUE. 1786. Rev. DONEC E CŒLO DESCENDAT. Ar. T. B.

340 — **Vienne**. SOCIÉTÉ D'AGRICVLTVRE DE L'ARRONDIS[T] DE VIENNE. ISÈRE. Rev. Armes de la ville. Ar. T. B.

341 — Lot de jetons divers en cuivre.

MÉDAILLES EN BRONZE

342 — VIRGIN MATRI, etc. ILL.[MVS]. CAROLVS D NEVFVI[LE]. LVGDVNVM PRO REX. HANC. DOMVM EXTRVIT. VT SIBI. IN ILLIVS. RENOLOC[VM] FACIAT. Rev. DILIGIT DNVS PORTA[S] SI[ON] SUPER OIA TABERNACVL[A]. IACOB. MDCXXXI. Porte monumentale. Diam. 58[mm], percée de deux trous.

343 — HVGO. BLAVF. CIVIVATE LVGDVNENSI CONSVL. Son buste à droite, signé : WARIN. 1651. Rev. Incus. Diam. 100.

344 — NIC DE NEUFVILLE. MARCH. VILL. GALL. MARESC. REG. PERS. LVGD. MODER. Son buste à droite, signé WARIN. 1651. Rev. Lisse. — Bélière. Diam. 100.

345 — CAM. DE. NEVFVILLE. ABB. ATHAN. PROREX LVGBVNENSIS. Son buste à droite, signé WARIN. 1651. Rev. Incus. Diam. 103.

346 — Même médaille avec bélière. Rev. Lisse. Diam. 100.

MÉDAILLES EN ARGENT

347 — LOUIS LE GRAND. Statue équestre de Louis XIV. Rev. PLACE LOUIS LE GRAND 4 NOVEMBRE 1825. Lion armé. 2 p.

348 — LOUIS PHILIPPE ROI DES FRANÇAIS. Tête à gauche, par BARRE. Rev. LYON. PONT. DU CHANGE LE 24 SEPTEMBRE 1845. LA PREMIÈRE PIERRE, etc.

349 — LABORE ET CONSTATIA. Buste, par Me KENZIE.

INSIGNES ET DÉCORATIONS MAÇONIQUES

ORIENT DE LYON

350 — Loge de l'Asile du sage (empreinte en étain). R. L. LES. CHEV. DU. TEMP. Sur une croix. Ar. — LES CHEVALIERS. UNIS. Rev. INSTALLATION DE LA LOGE. 4 avril 5897. Laiton.— ENFANS D'HIRAM sur un triangle, dans une couronne. Cuivre. — 4 pièces.

351 — R. L. ETOILE ET COMPAS sur une banderolle entourant à moitié l'étoile et le compas. Ar.

352 — SVP. CONS. LUMIÈRE ET JUSTICE. Au centre G rayonnant et balance. Ar.

353 — L. R. du parfait silence, sept triangles autour d'une étoile encerclée. Ar. — Autre pièce ronde. Rev. FÊTE SÉCULAIRE ANNIVERSAIRE, etc. Aluminium. — SIMPLICITÉ, CONSTANCE, empreinte en étain. 3 p.

354 — REGULIERE DE LA SINCERE AMITIE. Sur deux triangles rayonnants, au centre deux mains jointes. Cuiv. doré. — Autre plus petite. 2.

355 — UNION ET CONFIANCE. Autour de compas, équerre, palmes, etc. Ar.— Autre. G au centre d'une étoile encerclée surmontée d'une couronne. Cuiv. doré. 2 p.

356 — R. Loge ECOSSAISE DE Simplicité Constance F.·. 1830, au rev. d'une étoile rayonnante. — TOLERANCE CORDIALITE sur une équerre et compas entourés d'une couronne. 2 p. Ar.

357 — UNION PATRIOTIQUE DU RHONE. Au centre d'une étoile placée sur une couronne. Cuivre. — R.·. loge AMIS DE LA VERITE sur un triangle au centre duquel sont un compas et une équerre. Cuiv. doré. — R.·. L.·. LES AMIS DES HOMMES. O.·. DE.·. CAL. sur un niveau entouré de deux palmes. Au centre, l'étoile. Rev. FONDÉE EN 1849. Cuiv. — DIEU ORDRE PATRIE sur une banderole autour d'un triangle rayonnant. Cuiv. 4 p.

DÉCORATIONS DIVERSES

358 — OUBLIER JAMAIS, sous un faisceau d'armes, au dessus, 1870-1871.

COMBATTANTS DE 1870-1871. Armes de Lyon, émaillées. 2 p.

359 — TIREURS DU RHONE. UN POUR TOUS. TOUS POUR UN. Sous les armes de Lyon. — Autre, analogue, mais émaillée. — VILLE DE LYON. Armes de la Ville. Rev. SOCIETÉ DES TIREURS DU RHONE. Autour d'une couronne. Méd. ronde avec bélière. Ar. 3 p.

360 — SOCIETE DE TIR. LYON. Les armes émaillées de la Ville sur deux fusils en sautoir.

361 — TIR TERRITORIAL. LYON. 1877. Sur un écu en émail noir.

362 — EXPOTION DE LYON 1894. JURY. Sur un écu surmonté des armes de la Ville.

363 — FEDERATION MARTIALE TENUE A LYON LE 30 MAI 1790. Méd. octogonale avec bélière. Cuivre argenté.

364 — COMPAGNIE ACTIVE DES SAUVETEURS VOLONTAIRES DU RHONE Rev. ORDRE ET DISCIPLINE. Armes de la Ville. Méd. ronde avec bélière. Ar. — Deux petits lions héraldiques. 3 p.

365 — Lot de médailles en bronze à diviser.

OBJETS DIVERS

366 — Objets mérovingiens. Manche et fourreau de poignard, boucles de ceinturon, boucles d'oreilles, fibules et fragments divers. Environ 60 pièces.

367 — Deux lampes et un vase en terre cuite.

368 — Bol en faïence de Sultanabad. Décors en bleu et noir sur fond blanc — XIIIe siècle — diamètre 0.14.

369 — Aiguière en faïence de même provenance, décors noirs sur fond bleu. Haut. 0.13.

370 — Verre bleu arabe, à large col orné de quatre anses, pied ébréché, fêlûre sur la panse. Haut. 0.16.

371 — Gobelet en verre irisé.

372 — Coupe en verre de Venise, du XVIe siècle. Le bord est orné de feuillages d'or et de fleurs émaillées de points bleus et rouges dans un cercle en pointillé d'émaux blancs. Diam. 0.22.

373 — Saint Georges, bas-relief en ivoire, légende grecque. Haut. 0.05.

374 — Serrure et clé en fer, XVIe siècle.

375 — Poire à poudre en bois sculpté, XVIe siècle.

376 — Livre. Office de la Semaine Sainte, en français et en latin. Société des Libraires, Paris, 1729, in-12; maroquin rouge, dentelle et mosaïque de maroquin vert et citron, dos orné, tr. dorées. Reliure ancienne restaurée. Ex. libris. Levavasseur.

377 — Jacob à la fontaine rencontrant Rachel et Lia, plaquette ovale en bronze, XVIe. Diam. 54mm.

378 — Apollon et Marsyas, plaquette ovale, XVIe. Diam. 47mm.

379 — Couvercle de montre. Buste d'un guerrier sur fond d'ornements. Travail allemand au burin, XVIe. Argent.

380 — S. L. Rosaz. Tête à droite, par BONNAIRE, 1837. Méd. en bronze. Diam. 146^{mm}.

381 — Miniature. Portrait d'un officier décoré de la Légion d'honneur, signé KIEFFER, 1813. Cadre en or fermé par un cadenas. Haut. 0.05.

382 — Miniature ovale du XVIIIe siècle. Portrait d'homme. Bordure dorée fragmentée.

383 — Étui de livre en cuir, XVIe siècle. — Étui en paille. Deux pièces.

384 — Deux Moules à hosties en plomb. L'un représente sainte Cécile entourée d'anges musiciens. L'autre à double face : la Sainte-Famille et l'agneau pascal, XVIe siècle (Trouvés dans les démolitions de l'église de l'Observance, à Lyon).

385 — Poterie émaillée en forme d'auge. Au fond une tête d'enfant entourée d'ornements.

386 — Deux Carrés en poterie émaillée représentant des lions héraldiques et quatre fragments de Coupes en faïence, à décors bleus, verts et noirs, trouvés à Poterna. Espagne, XIVe siècle.

387 — Cinq Carrés en terre émaillée, ornés de rosaces et de feuillages polychromes. Espagne, xve siècle.

388 — Quatre Carrés émaillés, ornés de coqs, poisson, buste d'homme. Espagne, xvie siècle.

389 — Peinture sur bois, représentant une sainte debout, portant le calice et une palme. École de Cologne, fin du xve siècle.

390 — Deux Chandeliers en cuivre argenté, aux armes des Lacroix. xviiie siècle.

IMPRIMERIE MAULDE ET RENOU

MAULDE, DOUMENC ET Cie

IMPRIMEURS DE LA COMPAGNIE DES COMMISSAIRES-PRISEURS

Rue de Rivoli, 144

www.ingramcontent.com/pod-product-compliance
Ingram Content Group UK Ltd.
Pitfield, Milton Keynes, MK11 3LW, UK
UKHW021504260726
13993UKWH00004B/1550